kool - school	2
reisimine - travel	5
transport - transport	8
linn - city	10
maastik - landscape	14
restoran - restaurant	17
supermarket - supermarket	20
joogid - drinks	22
toit - food	23
talu - farm	27
maja - house	31
elutuba - living room	33
köök - kitchen	35
vannituba - bathroom	38
lastetuba - kids room	42
riietus - clothing	44
kontor - office	49
majandus - economy	51
ametid - occupations	53
tööriistad - tools	56
pillid - musical instruments	57
loomaaed - zoo	59
sport - sports	62
tegevused - activities	63
perekond - family	67
keha - body	68
haigla - hospital	72
hädaolukord - emergency	76
Maa - earth	77
kell - clock	79
nädal - week	80
aasta - year	81
kujundid - shapes	83
värvid - colors	84
vastandid - opposites	85
numbrid - numbers	88
keeled - languages	90
kes / mis / kuidas - who / what / how	91
kus - where	92

Impressum
Verlag: BABADADA GmbH, Nedderfeld 112 , 22529 Hamburg
Geschäftsführer / Verlagsleitung: Harald Hof
Druck: Books on Demand GmbH, In de Tarpen 42, 22848 Norderstedt

Imprint
Publisher: BABADADA GmbH, Nedderfeld 112 , 22529 Hamburg, Germany
Managing Director / Publishing direction: Harald Hof
Print: Books on Demand GmbH, In de Tarpen 42, 22848 Norderstedt

klassiruum
classroom

jagama
divide

186/2

tahvel
board

koolihoov
school yard

õpetaja
teacher

paber
paper

kirjutama
write

pastapliiats
pen

kirjutuslaud
desk

joonlaud
ruler

raamat
book

õpilane
pupil

koolikott

satchel

pinal

pencil case

harilik pliiats

pencil

pliiatsiteritaja

pencil sharpener

kustukumm

rubber

joonistusplokk

drawing pad

joonistus
drawing

pintsel
paintbrush

värvikarp
paint box

käärid
scissors

liim
glue

töövihik
exercise book

kodutöö
homework

number
number

liitma
add

lahutama
subtract

korrutama
multiply

arvutama
calculate

täht
letter

tähestik
alphabet

sõna
word

kool - school 3

tekst

text

lugema

read

kriit

chalk

koolitund

lesson

klassipäevik

register

eksam

examination

tunnistus

certificate

koolivorm

school uniform

haridus

education

entsüklopeedia

encyclopedia

ülikool

university

mikroskoop

microscope

kaart

map

paberikorv

waste-paper basket

hotell
hotel

hcstel
hostel

valuutavahetuspunkt
currency exchange office

kohver
suitcase

auto
car

---

keel
language

jah / ei
yes / no

okei
Okay

Tere!
hello

tõlk
translator

Aitäh!
Thank you

Kui palju maksab …?

how much is…?

Ma ei saa aru

I don´t get it

probleem

problem

Tere õhtust!

Good evening!

Tere hommikust!

Good morning!

Head ööd!

Good night!

Head aega!

goodbye

suund

direction

pagas

luggage

kott

bag

seljakott

backpack

külaline

guest

tuba

room

magamiskott

sleeping bag

telk

tent

turismiinfo

tourist information

rand

beach

krediitkaart

credit card

hommikusöök

breakfast

lõunasöök

lunch

õhtusöök

dinner

pilet

Ticket

lift

elevator

postmark

stamp

riigipiir

border

toll

customs

saatkond

embassy

viisa

visa

pass

passport

lennuk
airplane

laev
ship

tuletõrjeauto
fire truck

veoauto
truck

buss
bus

mootorpaat
motorboat

jalgratas
bike

auto
car

praam
ferry

paat
boat

mootorratas
motorbike

politseiauto
police car

võidusõiduauto
racing car

rendiauto
rental car

ühisauto

car sharing

puksiirauto

tow truck

prügiauto

garbage truck

mootor

engine

kütus

fuel

tankla

fuel station

liiklusmärk

traffic sign

liiklus

traffic

liiklusummik

traffic jam

parkla

parking lot

raudteejaam

train station

rööpad

tracks

rong

train

tramm

tram

vagun

wagon

helikopter
helicopter

lennujaam
airport

torn
tower

reisija
passenger

konteiner
container

pappkast
carton

käru
cart

korv
basket

õhku tõusma / maanduma
take off / land

linn
city

küla
village

kesklinn
city center

maja
house

kino
movie theater

reklaam
advert

tänavalatern
street light

CINEMA

tänav
street

takso
taxi

kiosk
snack shop

jalakäija
pedestrian

kõnnitee
sidewalk

ülekäigurada
zebra crossing

prügikonteiner
dumpster

ristmik
crossing

valgusfoor
traffic lights

osmik
hut

kortermaja
apartment

raudteejaam
train station

raekoda
city hall

muuseum
museum

kool
school

ülikool

university

pank

bank

haigla

hospital

hotell

hotel

apteek

pharmacy

kontor

office

raamatupood

book shop

kauplus

shop

lillepood

flower shop

supermarket

supermarket

turg

market

kaubamaja

department store

kalapood

fishmonger's shop

kaubanduskeskus

mall

sadam

harbor

park

park

pink

bench

sild

bridge

trepp

stairs

metroo

subway

tunnel

tunnel

bussipeatus

bus stop

baar

bar

restoran

restaurant

postkast

postbox

tänavasilt

street sign

parkimisautomaat

parking meter

loomaaed

zoo

ujula

swimming pool

mošee

mosque

talu

farm

reostus

pollution

surnuaed

cemetery

kirik

church

mänguväljak

playground

tempel

temple

maastik
landscape

leht
leaf

teeviit
signpost

tee
path

aas
meadow

kivi
stone

matkaja
hiker

puu
tree

jõgi
river

rohi
grass

lill
flower

org
valley

mägi
hill

järv
lake

mets
forest

kõrb
desert

vulkaan
volcano

linnus
castle

vikerkaar
rainbow

seen
mushroom

palm
palm tree

sääsk
mosquito

kärbes
fly

sipelgas
ant

mesilane
bee

ämblik
spider

mardikas

beetle

konn

frog

orav

squirrel

siil

hedgehog

jänes

hare

öökull

owl

lind

bird

luik

swan

metssiga

boar

hirv

deer

põder

moose

pais

dam

tuuleturbiin

wind turbine

päikesepaneel

solar panel

kliima

climate

kelner
waiter

menüü
menu

tool
chair

supp
soup

pitsa
pizza

söögiriistad
cutlery

laudlina
tablecloth

eelroog
starter

pearoog
main course

magustoit
dessert

joogid
drinks

toit
food

pudel
bottle

kiirtoit

fast food

tänavatoit

street food

teekann

teapot

suhkrutoos

sugar bowl

portsjon

portion

espressomasin

espresso machine

lastetool

high chair

arve

bill

kandik

tray

nuga

knife

kahvel

fork

lusikas

spoon

teelusikas

teaspoon

salvrätik

serviette

klaas

glass

taldrik

plate

supitaldrik

soup plate

alustass

saucer

kaste

sauce

soolatoos

salt shaker

pipraveski

pepper mill

äädikas

vinegar

õli

oil

vürtsid

spices

ketšup

ketchup

sinep

mustard

majonees

mayonnaise

eripakkumine
special offer

klient
customer

piimatooted
dairy products

puuviljad
fruit

ostukäru
shopping cart

lihapood
butcher's shop

pagariäri
bakery

kaaluma
weigh

köögiviljad
vegetables

liha
meat

külmutatud toit
frozen food

lihalõigud

cold cuts

konservid

canned food

pesupulber

detergent

maiustused

candy

majatarbed

household products

puhastustooted

cleaning products

müüja

sales representative

kassaaparaat

cash register

kassapidaja

cashier

ostunimekiri

shopping list

lahtiolekuajad

opening hours

rahakott

wallet

krediitkaart

credit card

kott

bag

kilekott

plastic bag

vesi

water

mahl

juice

piim

milk

koola

coke

vein

wine

õlu

beer

alkohol

alcohol

kakao

cocoa

tee

tea

kohv

coffee

espresso

espresso

cappuccino

cappuccino

banaan

banana

õun

apple

apelsin

orange

arbuus

melon

sidrun

lemon

porgand

carrot

küüslauk

garlic

bambus

bamboo

sibul

onion

seen

mushroom

pähklid

nuts

nuudlid

noodles

spagetid

spaghetti

riis

rice

salat

salad

friikartulid

fries

praekartulid

fried potatoes

pitsa

pizza

hamburger

hamburger

võileib

sandwich

šnitsel

escalope

sink

ham

salaami

salami

vorst

sausage

kana

chicken

praeliha

roast

kala

fish

kaerahelbed

porridge oats

müsli

muesli

maisihelbed

cornflakes

jahu

flour

sarvesai

croissant

kukkel

bread roll

leib

bread

röstsai

toast

küpsised

cookies

või

butter

kohupiim

curd

kook

cake

muna

egg

praemuna

fried egg

juust

cheese

jäätis

ice cream

suhkur

sugar

mesi

honey

moos

jelly

pähklivõie

nougat cream

karri

curry

talumaja
farm house

heinapall
straw bale

laut
barn

põld
field

hobune
horse

järelkäru
trailer

varss
foal

traktor
tractor

eesel
donkey

lammas
sheep

lambatall
lamb

kits
goat

lehm
cow

vasikas
calf

siga
pig

põrsas
piglet

pull
bull

hani

goose

part

duck

tibu

chick

kana

hen

kukk

cockerel

rott

rat

kass

cat

hiir

mouse

härg

ox

koer

dog

koerakuut

dog house

aiavoolik

garden hose

kastekann

watering can

vikat

scythe

ader

plow

talu - farm

sirp

sickle

kõblas

hoe

hang

pitchfork

kirves

axe

käru

pushcart

küna

trough

piimanõu

milk can

kott

sack

tara

fence

tall

stable

kasvuhoone

greenhouse

muld

soil

seeme

seed

väetis

fertilizer

kombain

combine harvester

saaki koristama

harvest

saagikoristus

harvest

jamss

yams

nisu

wheat

soja

soya

kartul

potato

mais

corn

raps

rapeseed

viljapuu

fruit tree

maniokk

manioc

teravili

grain

korsten
chimney

katus
roof

vihmaveetoru
downspout

aken
window

garaaž
garage

uksekell
doorbell

uks
door

prügikast
trash can

postkast
mailbox

aed
garden

elutuba
living room

vannituba
bathroom

köök
kitchen

magamistuba
bedroom

lastetuba
kids room

söögituba
dining room

põrand

floor

sein

wall

lagi

ceiling

kelder

cellar

saun

sauna

rõdu

balcony

terrass

terrace

bassein

pool

muruniiduk

lawn mower

voodilina

sheet

päevatekk

bedspread

voodi

bed

luud

broom

ämber

bucket

lüliti

switch

tapeet
wallpaper

pilt
picture

lamp
lamp

riiul
shelf

kapp
cabinet

kamin
fireplace

televiisor
television

lill
flower

padi
cushion

diivan
sofa

vaas
vase

kaugjuhtimispult
remote control

vaip
carpet

kardin
drape

laud
table

tool
chair

kiiktool
rocking chair

tugitool
armchair

raamat

book

tekk

blanket

kaunistus

decoration

küttepuud

firewood

film

film

helisüsteem

stereo system

võti

key

ajaleht

newspaper

maal

painting

plakat

poster

raadio

radio

märkmik

notebook

tolmuimeja

vacuum cleaner

kaktus

cactus

küünal

candle

külmik
fridge

mikrolaineahi
microwave oven

köögikaal
kitchen scales

röster
toaster

pesuvahend
laundry detergent

ahi
stove

sügavkülmik
freezer

prügikast
trash can

nõudepesumasin
dishwasher

pliit

cooker

pott

pot

malmpott

cast-iron pot

vokkpann

wok / kadai

pann

pan

veekeetja

kettle

aurutaja

steamer

küpsetusplaat

baking tray

lauanõud

crockery

kruus

mug

kauss

bowl

söögipulgad

chopsticks

kulp

ladle

pannilabidas

spatula

vispel

whisk

kurn

strainer

sõel

sieve

riiv

grater

uhmer

mortar

grill

barbecue

lahtine tuli

fireplace

lõikelaud

chopping board

tainarull

rolling pin

korgitser

corkscrew

konservipurk

can

konserviavaja

can opener

pajakinnas

oven cloth

kraanikauss

sink

hari

brush

pesukäsn

sponge

kannmikser

blender

sügavkülmuti

deep freezer

lutipudel

baby bottle

segisti

tap

dušš
shower

küte
heating

käterätik
towel

dušikardin
shower curtain

mullivann
bubble bath

vann
bathtub

klaas
glass

pesumasin
washing machine

segisti
tap

plaadid
tiles

pissipott
potty

kraanikauss
sink

WC-pott	kükitamistualett	bidee
toilet	squat toilet	bidet
pissuaar	tualettpaber	WC-hari
urinal	toilet paper	toilet brush

hambahari

toothbrush

hambapasta

toothpaste

hambaniit

dental floss

pesema

wash

käsidušš

hand shower

intiimdušš

douche

pesukauss

basin

seljahari

back brush

seep

soap

dušigeel

shower gel

šampoon

shampoo

vamm

flannel

äravool

drain

kreem

creme

deodorant

deodorant

peegel

mirror

käsipeegel

hand mirror

habemenuga

razor

raseerimisvaht

shaving foam

habemevesi

aftershave

kamm

comb

hari

brush

föön

hair-dryer

juukselakk

hairspray

meigikomplekt

makeup

huulepulk

lipstick

küünelakk

nail varnish

vatt

cotton wool

küünekäärid

nail scissors

parfüüm

perfume

tualett-tarvete kott

washbag

taburet

stool

kaal

weighing scales

hommikumantel

bathrobe

kummikindad

rubber gloves

tampoon

tampon

hügieeniside

sanitary towel

keemiline tualett

chemical toilet

äratuskell
alarm clock

pehme mänguasi
cuddly toy

mänguauto
toy car

kõristi
rattle

nukumaja
doll's house

kingitus
present

õhupall
balloon

voodi
bed

lapsevanker
stroller

kaardipakk
deck of cards

pusle
jigsaw

koomiks
comic

Lego klotsid

lego bricks

klotsid

toy blocks

kujuke

action figure

siputuspüksid

romper suit

lendav taldrik

frisbee

voodikarussell

mobile

lauamäng

board game

täringud

dice

mudelrong

model train set

lutt

pacifier

pidu

party

pildiraamat

picture book

pall

ball

nukk

doll

mängima

play

liivakast

sandpit

kiik

swing

mänguasjad

toys

mängukonsool

video game console

kolmerattaline jalgratas

tricycle

mängukaru

teddy bear

riidekapp

wardrobe

riietus
clothing

sokid

socks

sukad

stockings

sukkpüksid

tights

sall
scarf

vihmavari
umbrella

vöö
belt

T-särk
t-shirt

saapad
boots

sussid
slippers

tossud
sneakers

sandaalid
sandals

jalatsid
shoes

kummikud
rubber boots

aluspüksid
underwear

rinnahoidja
bra

vest
undershirt

bodi
body

püksid
pants

teksapüksid
jeans

seelik
skirt

pluus
blouse

särk
shirt

sviiter
pullover

dressipluus
sweater

bleiser
blazer

jakk
jacket

mantel
coat

vihmamantel
raincoat

kostüüm
costume

kleit
dress

pulmakleit
wedding dress

ülikond

suit

öösärk

nightgown

pidžaama

pajamas

sari

sari

pearätt

headscarf

turban

turban

burka

burka

kaftan

kaftan

abayah

abaya

ujumistrikoo

swimsuit

ujumispüksid

trunks

lühikesed püksid

shorts

dressid

tracksuit

põll

apron

kindad

gloves

nööp

button

prillid

glasses

käevõru

bracelet

kaelakee

necklace

sõrmus

ring

kõrvarõngas

earring

nokamüts

cap

riidepuu

coat hanger

kaabu

hat

lips

tie

tõmblukk

zip

kiiver

helmet

traksid

braces

koolivorm

school uniform

vormirõivad

uniform

pudipõll

bib

lutt

pacifier

mähe

diaper

server
server

arhiivikapp
filing cabinet

printer
printer

paber
paper

monitor
monitor

kirjutuslaud
desk

hiir
mouse

kaust
folder

klaviatuur
keyboard

paberikorv
waste-paper basket

arvuti
computer

tool
chair

kohvikruus

coffee mug

kalkulaator

calculator

internet

internet

süleatvuti

laptop

kiri

letter

sõnum

message

mobiiltelefon

cell phone

võrk

network

koopiamasin

photocopier

tarkvara

software

telefon

telephone

pistikupesa

plug socket

faksimasin

fax machine

vorm

form

dokument

document

ostma

buy

maksma

pay

vahetama

trade

raha

money

dollar

dollar

euro

euro

jeen

yen

rubla

rouble

Šveitsi frank

Swiss franc

renminbi jüaan

renminbi yuan

ruupia

rupee

sularahaautomaat

cash point

valuutavahetuspunkt

currency exchange office

kuld

gold

hõbe

silver

nafta

oil

energia

energy

hind

price

leping

contract

maks

tax

aktsia

stock

töötama

work

töötaja

employee

tööandja

employer

tehas

factory

kauplus

shop

politseinik
police officer

tuletõrjuja
fireman

kokk
cook

arst
doctor

piloot
pilot

aednik
gardener

puusepp
carpenter

õmbleja
seamstress

kohtunik
judge

keemik
chemist

näitleja
actor

bussijuht

bus driver

taksojuht

taxi driver

kalamees

fisherman

koristaja

cleaning lady

katusepaigaldaja

roofer

kelner

waiter

jahimees

hunter

maaler

painter

pagar

baker

elektrik

electrician

ehitaja

builder

insener

engineer

lihunik

butcher

torumees

plumber

postiljon

postman

sõdur

soldier

arhitekt

architect

kassapidaja

cashier

lillemüüja

florist

juuksur

hairdresser

piletikontrolör

conductor

mehaanik

mechanic

kapten

captain

hambaarst

dentist

teadlane

scientist

rabi

rabbi

imaam

imam

munk

monk

preester

pastor

haamer
hammer

tangid
pliers

kruvikeeraja
screwdriver

mutrivõti
wrench

taskulamp
torch

ekskavaator
excavator

tööriistakast
toolbox

redel
ladder

saag
saw

naelad
nails

trell
drill

parandama

repair

labidas

shovel

Põrgusse!

Damn!

kühvel

dustpan

värvipott

paint can

kruvid

screws

pillid
musical instruments

kõlar
loud speaker

trummikomplekt
drum set

kitarr
guitar

kontrabass
double bass

trompet
trumpet

klaver

piano

viiul

violin

bass

bass

timpan

timpani

trummid

drums

süntesaator

keyboard

saksofon

saxophone

flööt

flute

mikrofon

microphone

tiiger
t'ger

puur
cage

sissepääs
entrance

sebra
zebra

loomasööt
animal feed

panda
panda

loomad

animals

elevant

elephant

känguru

kangaroo

ninasarvik

rhino

gorilla

gorilla

karu

bear

kaamel

camel

jaanalind

ostrich

lõvi

lion

ahv

monkey

flamingo

flamingo

papagoi

parrot

jääkaru

polar bear

pingviin

penguin

hai

shark

paabulind

peacock

madu

snake

krokodill

crocodile

loomaaiatalitaja

zookeeper

hüljes

seal

jaaguar

jaguar

poni

pony

leopard

leopard

jõehobu

hippo

kaelkirjak

giraffe

kotkas

eagle

metssiga

boar

kala

fish

kilpkonn

turtle

morsk

walrus

rebane

fox

gasell

gazelle

Ameerika jalgpall
American football

jalgrattasõit
cycling

tennis
tennis

korvpall
basketball

ujumine
swimming

poksimine
boxing

jäähoki
ice hockey

jalgpall
soccer

sulgpall
badminton

kergejõustik
athletics

käsipall
handball

suusatamine
skiing

polo
polo

naerma
laugh

hüppama
jump

kallistama
hug

jalutama
walk

laulma
sing

unistama
dream

palvetama
pray

suudlema
kiss

kirjutama

write

joonistama

draw

näitama

show

lükkama

push

andma

give

võtma

take

omama

have

tegema

do

olema

be

seisma

stand

jooksma

run

tõmbama

pull

viskama

throw

kukkuma

fall

lamama

lie

ootama

wait

kandma

carry

istuma

sit

riidesse panema

get dressed

magama

sleep

ärkama

wake up

vaatama
look at

nutma
cry

paitama
stroke

kammima
comb

rääkima
talk

aru saama
understand

küsima
ask

kuulama
listen

jooma
drink

sööma
eat

korrastama
tidy up

armastama
love

süüa tegema
cook

sõitma
drive

lendama
fly

tegevused - activities

purjetama

sail

arvutama

calculate

lugema

read

õppima

learn

töötama

work

abielluma

marry

õmblema

sew

hambaid pesema

brush teeth

tapma

kill

suitsetama

smoke

saatma

send

vanaema
grandmother

vanaisa
grandfather

isa
father

ema
mother

imik
baby

tütar
daughter

poeg
son

külaline

guest

tädi

aunt

onu

uncle

vend

brother

õde

sister

otsmik
forehead

silm
eye

õlg
shoulder

sõrm
finger

nägu
face

lõug
chin

käsi
hand

rind
breast

jalg
leg

käsivars
arm

imik

baby

mees

man

naine

woman

tüdruk

girl

poiss

boy

pea

head

selg

back

kõht

belly

naba

navel

varvas

toe

kand

heel

luu

bone

puus

hip

põlv

knee

küünarnukk

elbow

nina

nose

tagumik

buttocks

nahk

skin

põsk

cheek

kõrv

ear

huuled

lip

keha - body

suu

mouth

hammas

tooth

keel

tongue

aju

brain

süda

heart

lihas

muscle

kops

lung

maks

liver

magu

stomach

neerud

kidneys

seksuaalvahekord

sex

kondoom

condom

munarakk

ovum

sperma

semen

rasedus

pregnancy

menstruatsioon

menstruation

vagiina

vagina

peenis

penis

kulm

eyebrow

juuksed

hair

kael

neck

haigla
hospital

kiirabi
ambulance

ratastool
wheelchair

luumurd
fracture

arst

doctor

traumapunkt

emergency room

meditsiiniõde

nurse

hädaolukord

emergency

teadvuseta

unconscious

valu

pain

vigastus

injury

verejooks

bleeding

südamerabandus

heart attack

insult

stroke

allergia

allergy

köha

cough

palavik

fever

gripp

flu

kõhulahtisus

diarrhea

peavalu

headache

vähk

cancer

diabeet

diabetes

kirurg

surgeon

skalpell

scalpel

operatsioon

operation

KT
CT

röntgen
x-ray

ultraheli
ultrasound

mask
face mask

haigus
disease

ooteruum
waiting room

kark
crutch

kips
plaster

side
bandage

süst
injection

stetoskoop
stethoscope

kanderaam
stretcher

kraadiklaas
clinical thermometer

sünd
birth

ülekaaluline
overweight

kuuldeaparaat

hearing aid

desinfektsioonivahend

disinfectant

põletik

infection

viirus

virus

HIV / AIDS

HIV / AIDS

meditsiin

medicine

vaktsineerimine

vaccination

tabletid

tablets

pill

pill

hädaabikõne

emergency call

vererõhuaparaat

blood pressure monitor

haige / terve

ill / healthy

häire

alarm

kallaletung

assault

Appi!

Help!

rünnak

attack

oht

danger

avariiväljapääs

emergency exit

tulekustuti

fire extinguisher

õnnetus

accident

Tulekahju!

Fire!

esmaabikomplekt

first-aid kit

SOS

SOS

politsei

police

Euroopa

Europe

Põhja-Ameerika

North America

Lõuna-Ameerika

South America

Aafrika

Africa

Aasia

Asia

Austraalia

Australia

Atlandi ookear

Atlantic

Vaikne ookean

Pacific

India ookean

Indian Ocean

Lõuna-Jäämeri

Antarctic Ocean

Põhja-Jäämeri

Arctic Ocean

põhjapoolus

North pole

lõunapoolus

South pole

Antarktika

Antarctica

Maa

earth

maismaa

land

meri

sea

saar

island

rahvus

nation

riik

state

sihverplaat

clock face

tunniosuti

hour hand

minutiosuti

minute hand

sekundiosuti

second hand

Mis kell on?

What time is it?

päev

day

aeg

time

praegu

now

digitaalne kell

digital watch

minut

minute

tund

hour

esmaspäev
Monday

kolmapäev
Wednesday

reede
Friday

teisipäev
Tuesday

neljapäev
Thursday

laupäev
Saturday

pühapäev
Sunday

eile
yesterday

täna
today

homme
tomorrow

hommik
morning

lõuna
noon

õhtu
evening

MO	TU	WE	TH	FR	SA	SU
1	2	3	4	5	6	7
8	9	10	11	12	13	14
15	16	17	18	19	20	21
22	23	24	25	26	27	28
29	30	31	1	2	3	4

tööpäevad
workdays

MO	TU	WE	TH	FR	SA	SU
1	2	3	4	5	6	7
8	9	10	11	12	13	14
15	16	17	18	19	20	21
22	23	24	25	26	27	28
29	30	31	1	2	3	4

nädalavahetus
weekend

vihm
rain

vikerkaar
rainbow

tuul
wind

lumi
snow

kevad
spring

sügis
fall

suvi
summer

talv
winter

4.APRIL	11°	☀
5.APRIL	4°	
6.APRIL	13°	
7.APRIL	8°	☀
8.APRIL	10°	☀

ilmaennustus

weather forecast

termomeeter

thermometer

päikesepaiste

sunshine

pilv

cloud

udu

fog

niiskus

humidity

pikne

lightning

kõu

thunder

torm

storm

rahe

hail

mussoon

monsoon

üleujutus

flood

jää

ice

jaanuar

January

veebruar

February

märts

March

aprill

April

mai

May

juuni

June

juuli

July

august

August

september

September

oktoober
October

november
November

detsember
December

ring
circle

ruut
square

nelinurk
rectangle

kolmnurk
triangle

kera
sphere

kuup
cube

värvid
colors

valge

white

kollane

yellow

oranž

orange

roosa

pink

punane

red

lilla

purple

sinine

blue

roheline

green

pruun

brown

hall

gray

must

black

palju / vähe

a lot / a little

vihane / rahulik

angry / calm

ilus / inetu

beautiful / ugly

algus / lõpp

beginning / end

suur / väike

big / small

hele / tume

bright / dark

vend / õde

brother / sister

puhas / must

clean / dirty

täielik / puudulik

complete / incomplete

päev / öö

day / night

surnud / elus

dead / alive

lai / kitsas

wide / narrow

söödav / mittesöödav

edible / inedible

kuri / sõbralik

evil / kind

põnevil / tüdinud

excited / bored

paks / peenike

fat / thin

esimene / viimane

first / last

sõber / vaenlane

friend / enemy

täis / tühi

full / empty

kõva / pehme

hard / soft

raske / kerge

heavy / light

nälg / janu

hunger / thirst

haige / terve

ill / healthy

ebaseaduslik / seaduslik

illegal / legal

tark / rumal

intelligent / stupid

vasak / parem

left / right

lähedal / kaugel

near / far

uus / kasutatud

new / usec

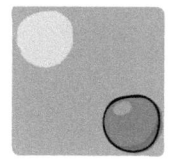

mitte midagi / midagi

nothing / something

vana / noor

old / young

sees / väljas

on / off

lahti / kinni

open / closed

vaikne / vali

quiet / loud

rikas / vaene

rich / poor

õige / vale

right / wrong

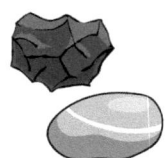

kare / sile

rough / smooth

kurb / rõõmus

sad / happy

lühike / pikk

short / long

aeglane / kiire

slow / fast

märg / kuiv

wet / dry

soe / jahe

warm / cool

sõda / rahu

war / peace

numbrid

numbers

0

null

zero

1

üks

one

2

kaks

two

3

kolm

three

4

neli

four

5

viis

five

6

kuus

six

7

seitse

seven

8

kaheksa

eight

9

üheksa

nine

10

kümme

ten

11

üksteist

eleven

12

kaksteist

twelve

13

kolmteist

thirteen

14

neliteist

fourteen

15

viisteist

fifteen

16

kuusteist

sixteen

17

seitseteist

seventeen

18

kaheksateist

eighteen

19

üheksateist

nineteen

20

kakskümmend

twenty

100

sada

hundred

1.000

tuhat

thousand

1.000.000

miljon

million

numbrid - numbers

inglise

English

Ameerika inglise

American English

mandariini

Chinese Mandarin

hindi

Hindi

hispaania

Spanish

prantsuse

French

araabia

Arabic

vene

Russian

portugali

Portuguese

bengali

Bengali

saksa

German

jaapani

Japanese

mina

I

sina

you

tema

he / she / it

meie

we

teie

you

nemad

they

kes?

who?

mis?

what?

kuidas?

how?

kus?

where?

millal?

when?

nimi

name

taga

behind

sees

in

ees

in front of

kohal

over

peal

on

all

under

kõrval

beside

vahel

between

koht

place